# LIBRO DI BORDO

## DEL GIARDINAGGIO



Questo libro è un blog di:

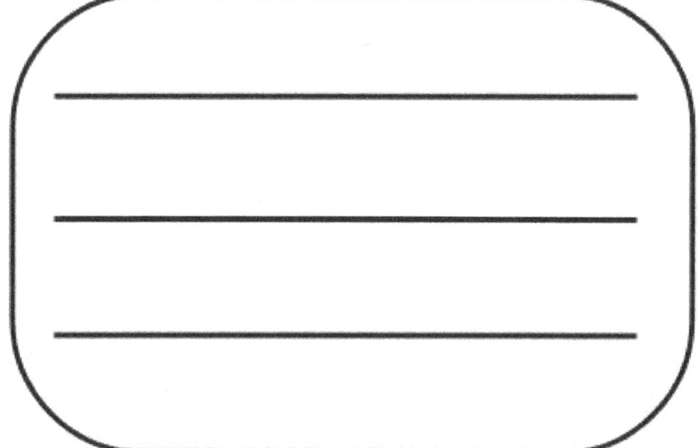

Idea regalo perfetta per principianti e appassionati di giardinaggio

# LIBRO DI BORDO DEL GIARDINAGGIO

NOME

POSIZIONE

FORNITORE

PREZZO

## CLASSE SCIENTIFICA

| | | |
|---|---|---|
| ORTAGGIO | ○ | FRUTTA |
| ERBA | ○ | FIORE |
| ARBUSTO | ○ | ALBERO |
| ANNUALE | ○ | BIENNALE |
| PERENNALE | ○ | SEMINA |

## DATE

GERMINATO

IMPIANTO

RACCOLTO

## LIVELLO DI LUCE

SOLE

SOLE PARZIALE

OMBRA

ALTRO

## INIZIATO DA

SEME

PIANTA

## VALUTAZIONE

DIMENSIONE ○○○○○

COLORE ○○○○○

GUSTO ○○○○○

## FERTILIZZANTI E ATTREZZATURE

## REQUISITI DELL'ACQUA

0%
MENO

## ISTRUZIONI PER LA CURA

## ISTRUZIONI PER LA SEMINA

## NOTE AGGIUNTIVE

# LIBRO DI BORDO DEL GIARDINAGGIO

NOME

POSIZIONE

FORNITORE

PREZZO

## CLASSE SCIENTIFICA

| | | |
|---|---|---|
| ORTAGGIO | ◯ | FRUTTA |
| ERBA | ◯ | FIORE |
| ARBUSTO | ◯ | ALBERO |
| ANNUALE | ◯ | BIENNALE |
| PERENNALE | ◯ | SEMINA |

## DATE

GERMINATO

IMPIANTO

RACCOLTO

## LIVELLO DI LUCE

SOLE

SOLE PARZIALE

OMBRA

ALTRO

## INIZIATO DA

SEME

PIANTA

## VALUTAZIONE

DIMENSIONE ◯◯◯◯◯

COLORE ◯◯◯◯◯

GUSTO ◯◯◯◯◯

FERTILIZZANTI
E ATTREZZATURE

REQUISITI
DELL'ACQUA

0%
MENO

ISTRUZIONI
PER LA CURA

ISTRUZIONI
PER LA SEMINA

NOTE AGGIUNTIVE

# LIBRO DI BORDO DEL GIARDINAGGIO

NOME

POSIZIONE

FORNITORE

PREZZO

## CLASSE SCIENTIFICA

| | | |
|---|---|---|
| ORTAGGIO | ◯ | FRUTTA |
| ERBA | ◯ | FIORE |
| ARBUSTO | ◯ | ALBERO |
| ANNUALE | ◯ | BIENNALE |
| PERENNALE | ◯ | SEMINA |

## DATE

GERMINATO

IMPIANTO

RACCOLTO

## LIVELLO DI LUCE

SOLE

SOLE PARZIALE

OMBRA

ALTRO

## INIZIATO DA

SEME

PIANTA

## VALUTAZIONE

DIMENSIONE ◯◯◯◯◯

COLORE ◯◯◯◯◯

GUSTO ◯◯◯◯◯

FERTILIZZANTI
E ATTREZZATURE

REQUISITI
DELL'ACQUA

0%
MENO

ISTRUZIONI
PER LA CURA

ISTRUZIONI
PER LA SEMINA

NOTE AGGIUNTIVE

# LIBRO DI BORDO DEL GIARDINAGGIO

NOME

POSIZIONE

FORNITORE

PREZZO

## CLASSE SCIENTIFICA

| ORTAGGIO | ○ | FRUTTA |
| ERBA | ○ | FIORE |
| ARBUSTO | ○ | ALBERO |
| ANNUALE | ○ | BIENNALE |
| PERENNALE | ○ | SEMINA |

## DATE

GERMINATO

IMPIANTO

RACCOLTO

## LIVELLO DI LUCE

SOLE

SOLE PARZIALE

OMBRA

ALTRO

## INIZIATO DA

SEME

PIANTA

## VALUTAZIONE

DIMENSIONE ○○○○○

COLORE ○○○○○

GUSTO ○○○○○

<table>
<tr><td>

**FERTILIZZANTI E ATTREZZATURE**

</td><td>

**REQUISITI DELL'ACQUA**

0%
MENO

</td></tr>
<tr><td>

**ISTRUZIONI PER LA CURA**

</td><td>

**ISTRUZIONI PER LA SEMINA**

</td></tr>
</table>

**NOTE AGGIUNTIVE**

# LIBRO DI BORDO DEL GIARDINAGGIO

| NOME | POSIZIONE |
| --- | --- |

| FORNITORE | PREZZO |
| --- | --- |

## CLASSE SCIENTIFICA

| ORTAGGIO | ○ | FRUTTA |
| --- | --- | --- |
| ERBA | ○ | FIORE |
| ARBUSTO | ○ | ALBERO |
| ANNUALE | ○ | BIENNALE |
| PERENNALE | ○ | SEMINA |

## DATE

GERMINATO

IMPIANTO

RACCOLTO

## LIVELLO DI LUCE

SOLE

SOLE PARZIALE

OMBRA

ALTRO

## INIZIATO DA

SEME

PIANTA

## VALUTAZIONE

DIMENSIONE ○○○○○

COLORE ○○○○○

GUSTO ○○○○○

FERTILIZZANTI
E ATTREZZATURE

REQUISITI
DELL'ACQUA

0%
MENO

ISTRUZIONI
PER LA CURA

ISTRUZIONI
PER LA SEMINA

NOTE AGGIUNTIVE

# LIBRO DI BORDO DEL GIARDINAGGIO

NOME

POSIZIONE

FORNITORE

PREZZO

## CLASSE SCIENTIFICA

| | | |
|---|---|---|
| ORTAGGIO | ○ | FRUTTA |
| ERBA | ○ | FIORE |
| ARBUSTO | ○ | ALBERO |
| ANNUALE | ○ | BIENNALE |
| PERENNALE | ○ | SEMINA |

## DATE

GERMINATO

IMPIANTO

RACCOLTO

## LIVELLO DI LUCE

SOLE

SOLE PARZIALE

OMBRA

ALTRO

## INIZIATO DA

SEME

PIANTA

## VALUTAZIONE

DIMENSIONE ○○○○○

COLORE ○○○○○

GUSTO ○○○○○

FERTILIZZANTI
E ATTREZZATURE
REQUISITI
DELL'ACQUA
0%
MENO
ISTRUZIONI
PER LA CURA
ISTRUZIONI
PER LA SEMINA
NOTE AGGIUNTIVE

# LIBRO DI BORDO DEL GIARDINAGGIO

NOME

POSIZIONE

FORNITORE

PREZZO

CLASSE SCIENTIFICA

| ORTAGGIO | ◯ | FRUTTA |
| ERBA | ◯ | FIORE |
| ARBUSTO | ◯ | ALBERO |
| ANNUALE | ◯ | BIENNALE |
| PERENNALE | ◯ | SEMINA |

DATE

GERMINATO

IMPIANTO

RACCOLTO

LIVELLO DI LUCE

SOLE

SOLE PARZIALE

OMBRA

ALTRO

INIZIATO DA

SEME

PIANTA

VALUTAZIONE

DIMENSIONE ◯◯◯◯◯

COLORE ◯◯◯◯◯

GUSTO ◯◯◯◯◯

FERTILIZZANTI
E ATTREZZATURE

REQUISITI
DELL'ACQUA

0%
MENO

ISTRUZIONI
PER LA CURA

ISTRUZIONI
PER LA SEMINA

NOTE AGGIUNTIVE

# LIBRO DI BORDO DEL GIARDINAGGIO

NOME

POSIZIONE

FORNITORE

PREZZO

## CLASSE SCIENTIFICA

| | | |
|---|---|---|
| ORTAGGIO | ◯ | FRUTTA |
| ERBA | ◯ | FIORE |
| ARBUSTO | ◯ | ALBERO |
| ANNUALE | ◯ | BIENNALE |
| PERENNALE | ◯ | SEMINA |

## DATE

GERMINATO

IMPIANTO

RACCOLTO

## LIVELLO DI LUCE

SOLE

SOLE PARZIALE

OMBRA

ALTRO

## INIZIATO DA

SEME

PIANTA

## VALUTAZIONE

DIMENSIONE ◯◯◯◯◯

COLORE ◯◯◯◯◯

GUSTO ◯◯◯◯◯

FERTILIZZANTI
E ATTREZZATURE

REQUISITI
DELL'ACQUA

0%
MENO

ISTRUZIONI
PER LA CURA

ISTRUZIONI
PER LA SEMINA

NOTE AGGIUNTIVE

# LIBRO DI BORDO DEL GIARDINAGGIO

NOME

POSIZIONE

FORNITORE

PREZZO

## CLASSE SCIENTIFICA

| | | |
|---|---|---|
| ORTAGGIO | ○ | FRUTTA |
| ERBA | ○ | FIORE |
| ARBUSTO | ○ | ALBERO |
| ANNUALE | ○ | BIENNALE |
| PERENNALE | ○ | SEMINA |

## DATE

GERMINATO

IMPIANTO

RACCOLTO

## LIVELLO DI LUCE

SOLE

SOLE PARZIALE

OMBRA

ALTRO

## INIZIATO DA

SEME

PIANTA

## VALUTAZIONE

DIMENSIONE ○○○○○

COLORE ○○○○○

GUSTO ○○○○○

FERTILIZZANTI
E ATTREZZATURE

REQUISITI
DELL'ACQUA

0%
MENO

ISTRUZIONI
PER LA CURA

ISTRUZIONI
PER LA SEMINA

NOTE AGGIUNTIVE

# LIBRO DI BORDO DEL GIARDINAGGIO

| NOME | POSIZIONE |
| --- | --- |
| FORNITORE | PREZZO |

## CLASSE SCIENTIFICA

| | | |
| --- | --- | --- |
| ORTAGGIO | ○ | FRUTTA |
| ERBA | ○ | FIORE |
| ARBUSTO | ○ | ALBERO |
| ANNUALE | ○ | BIENNALE |
| PERENNALE | ○ | SEMINA |

## DATE

GERMINATO

IMPIANTO

RACCOLTO

## LIVELLO DI LUCE

SOLE

SOLE PARZIALE

OMBRA

ALTRO

## INIZIATO DA

SEME

PIANTA

## VALUTAZIONE

DIMENSIONE ○○○○○

COLORE ○○○○○

GUSTO ○○○○○

FERTILIZZANTI
E ATTREZZATURE

REQUISITI
DELL'ACQUA

0%
MENO

ISTRUZIONI
PER LA CURA

ISTRUZIONI
PER LA SEMINA

NOTE AGGIUNTIVE

# LIBRO DI BORDO DEL GIARDINAGGIO

NOME

POSIZIONE

FORNITORE

PREZZO

## CLASSE SCIENTIFICA

| | | |
|---|---|---|
| ORTAGGIO | ○ | FRUTTA |
| ERBA | ○ | FIORE |
| ARBUSTO | ○ | ALBERO |
| ANNUALE | ○ | BIENNALE |
| PERENNALE | ○ | SEMINA |

## DATE

GERMINATO

IMPIANTO

RACCOLTO

## LIVELLO DI LUCE

SOLE

SOLE PARZIALE

OMBRA

ALTRO

## INIZIATO DA

SEME

PIANTA

## VALUTAZIONE

DIMENSIONE ○○○○○

COLORE ○○○○○

GUSTO ○○○○○

FERTILIZZANTI
E ATTREZZATURE

REQUISITI
DELL'ACQUA

0%
MENO

ISTRUZIONI
PER LA CURA

ISTRUZIONI
PER LA SEMINA

NOTE AGGIUNTIVE

# LIBRO DI BORDO DEL GIARDINAGGIO

| NOME | POSIZIONE |
|------|-----------|
| FORNITORE | PREZZO |

### CLASSE SCIENTIFICA

| | | |
|------|---|------|
| ORTAGGIO | ○ | FRUTTA |
| ERBA | ○ | FIORE |
| ARBUSTO | ○ | ALBERO |
| ANNUALE | ○ | BIENNALE |
| PERENNALE | ○ | SEMINA |

### DATE

GERMINATO

IMPIANTO

RACCOLTO

### LIVELLO DI LUCE

SOLE

SOLE PARZIALE

OMBRA

ALTRO

### INIZIATO DA

SEME

PIANTA

### VALUTAZIONE

DIMENSIONE ○○○○○

COLORE ○○○○○

GUSTO ○○○○○

FERTILIZZANTI
E ATTREZZATURE

REQUISITI
DELL'ACQUA

0%
MENO

ISTRUZIONI
PER LA CURA

ISTRUZIONI
PER LA SEMINA

NOTE AGGIUNTIVE

# LIBRO DI BORDO DEL GIARDINAGGIO

| NOME | | POSIZIONE |
|---|---|---|
| FORNITORE | | PREZZO |

## CLASSE SCIENTIFICA

| ORTAGGIO | ○ | FRUTTA |
|---|---|---|
| ERBA | ○ | FIORE |
| ARBUSTO | ○ | ALBERO |
| ANNUALE | ○ | BIENNALE |
| PERENNALE | ○ | SEMINA |

## DATE

GERMINATO

IMPIANTO

RACCOLTO

## LIVELLO DI LUCE

SOLE

SOLE PARZIALE

OMBRA

ALTRO

## INIZIATO DA

SEME

PIANTA

## VALUTAZIONE

DIMENSIONE ○○○○○

COLORE ○○○○○

GUSTO ○○○○○

FERTILIZZANTI
E ATTREZZATURE

REQUISITI
DELL'ACQUA

0%
MENO

ISTRUZIONI
PER LA CURA

ISTRUZIONI
PER LA SEMINA

NOTE AGGIUNTIVE

# LIBRO DI BORDO DEL GIARDINAGGIO

NOME

POSIZIONE

FORNITORE

PREZZO

## CLASSE SCIENTIFICA

| | | |
|---|---|---|
| ORTAGGIO | ◯ | FRUTTA |
| ERBA | ◯ | FIORE |
| ARBUSTO | ◯ | ALBERO |
| ANNUALE | ◯ | BIENNALE |
| PERENNALE | ◯ | SEMINA |

## DATE

GERMINATO

IMPIANTO

RACCOLTO

## LIVELLO DI LUCE

SOLE

SOLE PARZIALE

OMBRA

ALTRO

## INIZIATO DA

SEME

PIANTA

## VALUTAZIONE

DIMENSIONE ◯◯◯◯◯

COLORE ◯◯◯◯◯

GUSTO ◯◯◯◯◯

FERTILIZZANTI
E ATTREZZATURE

REQUISITI
DELL'ACQUA

0%
MENO

ISTRUZIONI
PER LA CURA

ISTRUZIONI
PER LA SEMINA

NOTE AGGIUNTIVE

# LIBRO DI BORDO DEL GIARDINAGGIO

| NOME | | POSIZIONE | |
| --- | --- | --- | --- |
| FORNITORE | | PREZZO | |

## CLASSE SCIENTIFICA

| | | | |
| --- | --- | --- | --- |
| ORTAGGIO | ○ | FRUTTA | |
| ERBA | ○ | FIORE | |
| ARBUSTO | ○ | ALBERO | |
| ANNUALE | ○ | BIENNALE | |
| PERENNALE | ○ | SEMINA | |

## DATE

GERMINATO

IMPIANTO

RACCOLTO

## LIVELLO DI LUCE

SOLE

SOLE PARZIALE

OMBRA

ALTRO

## INIZIATO DA

SEME

PIANTA

## VALUTAZIONE

DIMENSIONE ○○○○○

COLORE ○○○○○

GUSTO ○○○○○

FERTILIZZANTI
E ATTREZZATURE

REQUISITI
DELL'ACQUA

0%
MENO

ISTRUZIONI
PER LA CURA

ISTRUZIONI
PER LA SEMINA

NOTE AGGIUNTIVE

# LIBRO DI BORDO DEL GIARDINAGGIO

| NOME | POSIZIONE |
|---|---|

| FORNITORE | PREZZO |
|---|---|

## CLASSE SCIENTIFICA

| ORTAGGIO | ○ | FRUTTA |
|---|---|---|
| ERBA | ○ | FIORE |
| ARBUSTO | ○ | ALBERO |
| ANNUALE | ○ | BIENNALE |
| PERENNALE | ○ | SEMINA |

## DATE

GERMINATO

IMPIANTO

RACCOLTO

## LIVELLO DI LUCE

SOLE

SOLE PARZIALE

OMBRA

ALTRO

## INIZIATO DA

SEME

PIANTA

## VALUTAZIONE

DIMENSIONE ○○○○○

COLORE ○○○○○

GUSTO ○○○○○

FERTILIZZANTI
E ATTREZZATURE

REQUISITI
DELL'ACQUA

0%
MENO

ISTRUZIONI
PER LA CURA

ISTRUZIONI
PER LA SEMINA

NOTE AGGIUNTIVE

# LIBRO DI BORDO DEL GIARDINAGGIO

| NOME | | POSIZIONE |
| FORNITORE | | PREZZO |

## CLASSE SCIENTIFICA

| ORTAGGIO | ○ | FRUTTA |
| ERBA | ○ | FIORE |
| ARBUSTO | ○ | ALBERO |
| ANNUALE | ○ | BIENNALE |
| PERENNALE | ○ | SEMINA |

## DATE

GERMINATO

IMPIANTO

RACCOLTO

## LIVELLO DI LUCE

SOLE

SOLE PARZIALE

OMBRA

ALTRO

## INIZIATO DA

SEME

PIANTA

## VALUTAZIONE

DIMENSIONE ○○○○○

COLORE ○○○○○

GUSTO ○○○○○

## FERTILIZZANTI E ATTREZZATURE

## REQUISITI DELL'ACQUA

0%
MENO

## ISTRUZIONI PER LA CURA

## ISTRUZIONI PER LA SEMINA

## NOTE AGGIUNTIVE

# LIBRO DI BORDO DEL GIARDINAGGIO

| NOME | POSIZIONE |
|---|---|

| FORNITORE | PREZZO |
|---|---|

## CLASSE SCIENTIFICA

| ORTAGGIO | ○ | FRUTTA |
|---|---|---|
| ERBA | ○ | FIORE |
| ARBUSTO | ○ | ALBERO |
| ANNUALE | ○ | BIENNALE |
| PERENNALE | ○ | SEMINA |

## DATE

GERMINATO

IMPIANTO

RACCOLTO

## LIVELLO DI LUCE

SOLE

SOLE PARZIALE

OMBRA

ALTRO

## INIZIATO DA

SEME

PIANTA

## VALUTAZIONE

DIMENSIONE ○○○○○

COLORE ○○○○○

GUSTO ○○○○○

FERTILIZZANTI
E ATTREZZATURE

REQUISITI
DELL'ACQUA

0%
MENO

ISTRUZIONI
PER LA CURA

ISTRUZIONI
PER LA SEMINA

NOTE AGGIUNTIVE

# LIBRO DI BORDO DEL GIARDINAGGIO

NOME

POSIZIONE

FORNITORE

PREZZO

## CLASSE SCIENTIFICA

| ORTAGGIO | ○ | FRUTTA |
|---|---|---|
| ERBA | ○ | FIORE |
| ARBUSTO | ○ | ALBERO |
| ANNUALE | ○ | BIENNALE |
| PERENNALE | ○ | SEMINA |

## DATE

GERMINATO

IMPIANTO

RACCOLTO

## LIVELLO DI LUCE

SOLE

SOLE PARZIALE

OMBRA

ALTRO

## INIZIATO DA

SEME

PIANTA

## VALUTAZIONE

DIMENSIONE ○○○○○

COLORE ○○○○○

GUSTO ○○○○○

**FERTILIZZANTI
E ATTREZZATURE**

**REQUISITI
DELL'ACQUA**

0%
MENO

**ISTRUZIONI
PER LA CURA**

**ISTRUZIONI
PER LA SEMINA**

**NOTE AGGIUNTIVE**

# LIBRO DI BORDO DEL GIARDINAGGIO

| NOME | POSIZIONE |
|---|---|

| FORNITORE | PREZZO |
|---|---|

## CLASSE SCIENTIFICA

| ORTAGGIO | ○ | FRUTTA |
|---|---|---|
| ERBA | ○ | FIORE |
| ARBUSTO | ○ | ALBERO |
| ANNUALE | ○ | BIENNALE |
| PERENNALE | ○ | SEMINA |

## DATE

GERMINATO

IMPIANTO

RACCOLTO

## LIVELLO DI LUCE

SOLE

SOLE PARZIALE

OMBRA

ALTRO

## INIZIATO DA

SEME

PIANTA

## VALUTAZIONE

DIMENSIONE ○○○○○

COLORE ○○○○○

GUSTO ○○○○○

FERTILIZZANTI
E ATTREZZATURE

REQUISITI
DELL'ACQUA

0%
MENO

ISTRUZIONI
PER LA CURA

ISTRUZIONI
PER LA SEMINA

NOTE AGGIUNTIVE

# LIBRO DI BORDO DEL GIARDINAGGIO

NOME

POSIZIONE

FORNITORE

PREZZO

## CLASSE SCIENTIFICA

| ORTAGGIO | ○ | FRUTTA |
| ERBA | ○ | FIORE |
| ARBUSTO | ○ | ALBERO |
| ANNUALE | ○ | BIENNALE |
| PERENNALE | ○ | SEMINA |

## DATE

GERMINATO

IMPIANTO

RACCOLTO

## LIVELLO DI LUCE

SOLE

SOLE PARZIALE

OMBRA

ALTRO

## INIZIATO DA

SEME

PIANTA

## VALUTAZIONE

DIMENSIONE ○○○○○

COLORE ○○○○○

GUSTO ○○○○○

FERTILIZZANTI
E ATTREZZATURE

REQUISITI
DELL'ACQUA

0%
MENO

ISTRUZIONI
PER LA CURA

ISTRUZIONI
PER LA SEMINA

NOTE AGGIUNTIVE

# LIBRO DI BORDO DEL GIARDINAGGIO

| NOME | POSIZIONE |
|---|---|

| FORNITORE | PREZZO |
|---|---|

### CLASSE SCIENTIFICA

| ORTAGGIO | ○ | FRUTTA |
|---|---|---|
| ERBA | ○ | FIORE |
| ARBUSTO | ○ | ALBERO |
| ANNUALE | ○ | BIENNALE |
| PERENNALE | ○ | SEMINA |

### DATE

GERMINATO

IMPIANTO

RACCOLTO

### LIVELLO DI LUCE

SOLE

SOLE PARZIALE

OMBRA

ALTRO

### INIZIATO DA

SEME

PIANTA

### VALUTAZIONE

DIMENSIONE ○○○○○

COLORE ○○○○○

GUSTO ○○○○○

## FERTILIZZANTI E ATTREZZATURE

## REQUISITI DELL'ACQUA

0%
MENO

## ISTRUZIONI PER LA CURA

## ISTRUZIONI PER LA SEMINA

## NOTE AGGIUNTIVE

# LIBRO DI BORDO DEL GIARDINAGGIO

| NOME | | POSIZIONE |
| --- | --- | --- |
| FORNITORE | | PREZZO |

## CLASSE SCIENTIFICA

| ORTAGGIO | ○ | FRUTTA |
| --- | --- | --- |
| ERBA | ○ | FIORE |
| ARBUSTO | ○ | ALBERO |
| ANNUALE | ○ | BIENNALE |
| PERENNALE | ○ | SEMINA |

## DATE

GERMINATO

IMPIANTO

RACCOLTO

## LIVELLO DI LUCE

SOLE

SOLE PARZIALE

OMBRA

ALTRO

## INIZIATO DA

SEME

PIANTA

## VALUTAZIONE

DIMENSIONE ○○○○○

COLORE ○○○○○

GUSTO ○○○○○

FERTILIZZANTI
E ATTREZZATURE

REQUISITI
DELL'ACQUA

0%
MENO

ISTRUZIONI
PER LA CURA

ISTRUZIONI
PER LA SEMINA

NOTE AGGIUNTIVE

# LIBRO DI BORDO DEL GIARDINAGGIO

NOME

POSIZIONE

FORNITORE

PREZZO

## CLASSE SCIENTIFICA

| ORTAGGIO | ○ | FRUTTA |
| ERBA | ○ | FIORE |
| ARBUSTO | ○ | ALBERO |
| ANNUALE | ○ | BIENNALE |
| PERENNALE | ○ | SEMINA |

## DATE

GERMINATO

IMPIANTO

RACCOLTO

## LIVELLO DI LUCE

SOLE

SOLE PARZIALE

OMBRA

ALTRO

## INIZIATO DA

SEME

PIANTA

## VALUTAZIONE

DIMENSIONE ○○○○○

COLORE ○○○○○

GUSTO ○○○○○

FERTILIZZANTI
E ATTREZZATURE

REQUISITI
DELL'ACQUA

0%
MENO

ISTRUZIONI
PER LA CURA

ISTRUZIONI
PER LA SEMINA

NOTE AGGIUNTIVE

# LIBRO DI BORDO DEL GIARDINAGGIO

NOME

POSIZIONE

FORNITORE

PREZZO

## CLASSE SCIENTIFICA

| | | |
|---|---|---|
| ORTAGGIO | ○ | FRUTTA |
| ERBA | ○ | FIORE |
| ARBUSTO | ○ | ALBERO |
| ANNUALE | ○ | BIENNALE |
| PERENNALE | ○ | SEMINA |

## DATE

GERMINATO

IMPIANTO

RACCOLTO

## LIVELLO DI LUCE

SOLE

SOLE PARZIALE

OMBRA

ALTRO

## INIZIATO DA

SEME

PIANTA

## VALUTAZIONE

DIMENSIONE ○○○○○

COLORE ○○○○○

GUSTO ○○○○○

FERTILIZZANTI
E ATTREZZATURE

REQUISITI
DELL'ACQUA

0%
MENO

ISTRUZIONI
PER LA CURA

ISTRUZIONI
PER LA SEMINA

NOTE AGGIUNTIVE

# LIBRO DI BORDO DEL GIARDINAGGIO

| NOME | POSIZIONE |
|---|---|

| FORNITORE | PREZZO |
|---|---|

## CLASSE SCIENTIFICA

| ORTAGGIO | ○ | FRUTTA |
|---|---|---|
| ERBA | ○ | FIORE |
| ARBUSTO | ○ | ALBERO |
| ANNUALE | ○ | BIENNALE |
| PERENNALE | ○ | SEMINA |

## DATE

GERMINATO

IMPIANTO

RACCOLTO

## LIVELLO DI LUCE

SOLE

SOLE PARZIALE

OMBRA

ALTRO

## INIZIATO DA

SEME

PIANTA

## VALUTAZIONE

DIMENSIONE ○○○○○

COLORE ○○○○○

GUSTO ○○○○○

FERTILIZZANTI
E ATTREZZATURE

REQUISITI
DELL'ACQUA

0%
MENO

ISTRUZIONI
PER LA CURA

ISTRUZIONI
PER LA SEMINA

NOTE AGGIUNTIVE

# LIBRO DI BORDO DEL GIARDINAGGIO

| NOME | POSIZIONE |
|---|---|

| FORNITORE | PREZZO |
|---|---|

## CLASSE SCIENTIFICA

| ORTAGGIO | ○ | FRUTTA |
|---|---|---|
| ERBA | ○ | FIORE |
| ARBUSTO | ○ | ALBERO |
| ANNUALE | ○ | BIENNALE |
| PERENNALE | ○ | SEMINA |

## DATE

GERMINATO

IMPIANTO

RACCOLTO

## LIVELLO DI LUCE

SOLE

SOLE PARZIALE

OMBRA

ALTRO

## INIZIATO DA

SEME

PIANTA

## VALUTAZIONE

DIMENSIONE ○○○○○

COLORE ○○○○○

GUSTO ○○○○○

# FERTILIZZANTI E ATTREZZATURE

# REQUISITI DELL'ACQUA

0%
MENO

# ISTRUZIONI PER LA CURA

# ISTRUZIONI PER LA SEMINA

# NOTE AGGIUNTIVE

# LIBRO DI BORDO DEL GIARDINAGGIO

NOME

POSIZIONE

FORNITORE

PREZZO

## CLASSE SCIENTIFICA

| | | | |
|---|---|---|---|
| ORTAGGIO | ○ | | FRUTTA |
| ERBA | ○ | | FIORE |
| ARBUSTO | ○ | | ALBERO |
| ANNUALE | ○ | | BIENNALE |
| PERENNALE | ○ | | SEMINA |

## DATE

GERMINATO

IMPIANTO

RACCOLTO

## LIVELLO DI LUCE

SOLE

SOLE PARZIALE

OMBRA

ALTRO

## INIZIATO DA

SEME

PIANTA

## VALUTAZIONE

DIMENSIONE ○○○○○

COLORE ○○○○○

GUSTO ○○○○○

FERTILIZZANTI
E ATTREZZATURE

REQUISITI
DELL'ACQUA

0%
MENO

ISTRUZIONI
PER LA CURA

ISTRUZIONI
PER LA SEMINA

NOTE AGGIUNTIVE

# LIBRO DI BORDO DEL GIARDINAGGIO

| NOME | POSIZIONE |
|---|---|

| FORNITORE | PREZZO |
|---|---|

## CLASSE SCIENTIFICA

| ORTAGGIO | ○ | FRUTTA |
|---|---|---|
| ERBA | ○ | FIORE |
| ARBUSTO | ○ | ALBERO |
| ANNUALE | ○ | BIENNALE |
| PERENNALE | ○ | SEMINA |

### DATE

GERMINATO

IMPIANTO

RACCOLTO

### LIVELLO DI LUCE

SOLE

SOLE PARZIALE

OMBRA

ALTRO

### INIZIATO DA

SEME

PIANTA

### VALUTAZIONE

DIMENSIONE ○○○○○

COLORE ○○○○○

GUSTO ○○○○○

**FERTILIZZANTI
E ATTREZZATURE**

**REQUISITI
DELL'ACQUA**

0%
MENO

**ISTRUZIONI
PER LA CURA**

**ISTRUZIONI
PER LA SEMINA**

**NOTE AGGIUNTIVE**

# LIBRO DI BORDO DEL GIARDINAGGIO

NOME

POSIZIONE

FORNITORE

PREZZO

## CLASSE SCIENTIFICA

| ORTAGGIO | ○ | FRUTTA |
|---|---|---|
| ERBA | ○ | FIORE |
| ARBUSTO | ○ | ALBERO |
| ANNUALE | ○ | BIENNALE |
| PERENNALE | ○ | SEMINA |

## DATE

GERMINATO

IMPIANTO

RACCOLTO

## LIVELLO DI LUCE

SOLE

SOLE PARZIALE

OMBRA

ALTRO

## INIZIATO DA

SEME

PIANTA

## VALUTAZIONE

DIMENSIONE ○○○○○

COLORE ○○○○○

GUSTO ○○○○○

FERTILIZZANTI
E ATTREZZATURE

REQUISITI
DELL'ACQUA

0%
MENO

ISTRUZIONI
PER LA CURA

ISTRUZIONI
PER LA SEMINA

NOTE AGGIUNTIVE

# LIBRO DI BORDO DEL GIARDINAGGIO

NOME

POSIZIONE

FORNITORE

PREZZO

## CLASSE SCIENTIFICA

| | | |
|---|---|---|
| ORTAGGIO | ○ | FRUTTA |
| ERBA | ○ | FIORE |
| ARBUSTO | ○ | ALBERO |
| ANNUALE | ○ | BIENNALE |
| PERENNALE | ○ | SEMINA |

## DATE

GERMINATO

IMPIANTO

RACCOLTO

## LIVELLO DI LUCE

SOLE

SOLE PARZIALE

OMBRA

ALTRO

## INIZIATO DA

SEME

PIANTA

## VALUTAZIONE

DIMENSIONE ○○○○○

COLORE ○○○○○

GUSTO ○○○○○

FERTILIZZANTI
E ATTREZZATURE

REQUISITI
DELL'ACQUA

0%
MENO

ISTRUZIONI
PER LA CURA

ISTRUZIONI
PER LA SEMINA

NOTE AGGIUNTIVE

# LIBRO DI BORDO DEL GIARDINAGGIO

NOME

POSIZIONE

FORNITORE

PREZZO

## CLASSE SCIENTIFICA

| | | |
|---|---|---|
| ORTAGGIO | ◯ | FRUTTA |
| ERBA | ◯ | FIORE |
| ARBUSTO | ◯ | ALBERO |
| ANNUALE | ◯ | BIENNALE |
| PERENNALE | ◯ | SEMINA |

## DATE

GERMINATO

IMPIANTO

RACCOLTO

## LIVELLO DI LUCE

SOLE

SOLE PARZIALE

OMBRA

ALTRO

## INIZIATO DA

SEME

PIANTA

## VALUTAZIONE

DIMENSIONE ◯◯◯◯◯

COLORE ◯◯◯◯◯

GUSTO ◯◯◯◯◯

FERTILIZZANTI
E ATTREZZATURE

REQUISITI
DELL'ACQUA

0%
MENO

ISTRUZIONI
PER LA CURA

ISTRUZIONI
PER LA SEMINA

NOTE AGGIUNTIVE

# LIBRO DI BORDO DEL GIARDINAGGIO

| NOME | POSIZIONE |
| --- | --- |

| FORNITORE | PREZZO |
| --- | --- |

## CLASSE SCIENTIFICA

| ORTAGGIO | ○ | FRUTTA |
| --- | --- | --- |
| ERBA | ○ | FIORE |
| ARBUSTO | ○ | ALBERO |
| ANNUALE | ○ | BIENNALE |
| PERENNALE | ○ | SEMINA |

## DATE

GERMINATO

IMPIANTO

RACCOLTO

## LIVELLO DI LUCE

SOLE

SOLE PARZIALE

OMBRA

ALTRO

## INIZIATO DA

SEME

PIANTA

## VALUTAZIONE

DIMENSIONE ○○○○○

COLORE ○○○○○

GUSTO ○○○○○

**FERTILIZZANTI
E ATTREZZATURE**

**REQUISITI
DELL'ACQUA**

0%
MENO

**ISTRUZIONI
PER LA CURA**

**ISTRUZIONI
PER LA SEMINA**

**NOTE AGGIUNTIVE**

# LIBRO DI BORDO DEL GIARDINAGGIO

NOME

POSIZIONE

FORNITORE

PREZZO

## CLASSE SCIENTIFICA

| ORTAGGIO | ○ | FRUTTA |
| ERBA | ○ | FIORE |
| ARBUSTO | ○ | ALBERO |
| ANNUALE | ○ | BIENNALE |
| PERENNALE | ○ | SEMINA |

## DATE

GERMINATO

IMPIANTO

RACCOLTO

## LIVELLO DI LUCE

SOLE

SOLE PARZIALE

OMBRA

ALTRO

## INIZIATO DA

SEME

PIANTA

## VALUTAZIONE

DIMENSIONE ○○○○○

COLORE ○○○○○

GUSTO ○○○○○

FERTILIZZANTI
E ATTREZZATURE

REQUISITI
DELL'ACQUA

0%
MENO

ISTRUZIONI
PER LA CURA

ISTRUZIONI
PER LA SEMINA

NOTE AGGIUNTIVE

# LIBRO DI BORDO DEL GIARDINAGGIO

| NOME | | POSIZIONE |
| --- | --- | --- |
| FORNITORE | | PREZZO |

## CLASSE SCIENTIFICA

| ORTAGGIO | ○ | FRUTTA |
| --- | --- | --- |
| ERBA | ○ | FIORE |
| ARBUSTO | ○ | ALBERO |
| ANNUALE | ○ | BIENNALE |
| PERENNALE | ○ | SEMINA |

## DATE

GERMINATO

IMPIANTO

RACCOLTO

## LIVELLO DI LUCE

SOLE

SOLE PARZIALE

OMBRA

ALTRO

## INIZIATO DA

SEME

PIANTA

## VALUTAZIONE

DIMENSIONE ○○○○○

COLORE ○○○○○

GUSTO ○○○○○

FERTILIZZANTI
E ATTREZZATURE

REQUISITI
DELL'ACQUA

0%
MENO

ISTRUZIONI
PER LA CURA

ISTRUZIONI
PER LA SEMINA

NOTE AGGIUNTIVE

# LIBRO DI BORDO DEL GIARDINAGGIO

NOME

POSIZIONE

FORNITORE

PREZZO

CLASSE SCIENTIFICA

| ORTAGGIO | ○ | FRUTTA |
| ERBA | ○ | FIORE |
| ARBUSTO | ○ | ALBERO |
| ANNUALE | ○ | BIENNALE |
| PERENNALE | ○ | SEMINA |

DATE

GERMINATO

IMPIANTO

RACCOLTO

LIVELLO DI LUCE

SOLE

SOLE PARZIALE

OMBRA

ALTRO

INIZIATO DA

SEME

PIANTA

VALUTAZIONE

DIMENSIONE ○○○○○

COLORE ○○○○○

GUSTO ○○○○○

FERTILIZZANTI
E ATTREZZATURE

REQUISITI
DELL'ACQUA

0%
MENO

ISTRUZIONI
PER LA CURA

ISTRUZIONI
PER LA SEMINA

NOTE AGGIUNTIVE

# LIBRO DI BORDO DEL GIARDINAGGIO

| NOME | POSIZIONE |
| --- | --- |
| FORNITORE | PREZZO |

## CLASSE SCIENTIFICA

| | | |
| --- | --- | --- |
| ORTAGGIO | ○ | FRUTTA |
| ERBA | ○ | FIORE |
| ARBUSTO | ○ | ALBERO |
| ANNUALE | ○ | BIENNALE |
| PERENNALE | ○ | SEMINA |

## DATE

GERMINATO

IMPIANTO

RACCOLTO

## LIVELLO DI LUCE

SOLE

SOLE PARZIALE

OMBRA

ALTRO

## INIZIATO DA

SEME

PIANTA

## VALUTAZIONE

DIMENSIONE ○○○○○

COLORE ○○○○○

GUSTO ○○○○○

FERTILIZZANTI<br>E ATTREZZATURE

REQUISITI<br>DELL'ACQUA

0%
MENO

ISTRUZIONI<br>PER LA CURA

ISTRUZIONI<br>PER LA SEMINA

NOTE AGGIUNTIVE

# LIBRO DI BORDO DEL GIARDINAGGIO

NOME

POSIZIONE

FORNITORE

PREZZO

CLASSE SCIENTIFICA

| ORTAGGIO | ○ | FRUTTA |
| ERBA | ○ | FIORE |
| ARBUSTO | ○ | ALBERO |
| ANNUALE | ○ | BIENNALE |
| PERENNALE | ○ | SEMINA |

DATE

GERMINATO

IMPIANTO

RACCOLTO

LIVELLO DI LUCE

SOLE

SOLE PARZIALE

OMBRA

ALTRO

INIZIATO DA

SEME

PIANTA

VALUTAZIONE

DIMENSIONE ○○○○○

COLORE ○○○○○

GUSTO ○○○○○

## FERTILIZZANTI E ATTREZZATURE

## REQUISITI DELL'ACQUA

0%
MENO

## ISTRUZIONI PER LA CURA

## ISTRUZIONI PER LA SEMINA

## NOTE AGGIUNTIVE

# LIBRO DI BORDO DEL GIARDINAGGIO

| NOME | POSIZIONE |
|---|---|

| FORNITORE | PREZZO |
|---|---|

## CLASSE SCIENTIFICA

| | | |
|---|---|---|
| ORTAGGIO | ○ | FRUTTA |
| ERBA | ○ | FIORE |
| ARBUSTO | ○ | ALBERO |
| ANNUALE | ○ | BIENNALE |
| PERENNALE | ○ | SEMINA |

## DATE

GERMINATO

IMPIANTO

RACCOLTO

## LIVELLO DI LUCE

SOLE

SOLE PARZIALE

OMBRA

ALTRO

## INIZIATO DA

SEME

PIANTA

## VALUTAZIONE

DIMENSIONE ○○○○○

COLORE ○○○○○

GUSTO ○○○○○

## FERTILIZZANTI E ATTREZZATURE

## REQUISITI DELL'ACQUA

0%
MENO

## ISTRUZIONI PER LA CURA

## ISTRUZIONI PER LA SEMINA

## NOTE AGGIUNTIVE

# LIBRO DI BORDO DEL GIARDINAGGIO

| NOME | | POSIZIONE | |
| --- | --- | --- | --- |
| FORNITORE | | PREZZO | |

### CLASSE SCIENTIFICA

| ORTAGGIO | ○ | FRUTTA |
| --- | --- | --- |
| ERBA | ○ | FIORE |
| ARBUSTO | ○ | ALBERO |
| ANNUALE | ○ | BIENNALE |
| PERENNALE | ○ | SEMINA |

### DATE

GERMINATO

IMPIANTO

RACCOLTO

### LIVELLO DI LUCE

SOLE

SOLE PARZIALE

OMBRA

ALTRO

### INIZIATO DA

SEME

PIANTA

### VALUTAZIONE

DIMENSIONE ○○○○○

COLORE ○○○○○

GUSTO ○○○○○

## FERTILIZZANTI E ATTREZZATURE

## REQUISITI DELL'ACQUA

0%
MENO

## ISTRUZIONI PER LA CURA

## ISTRUZIONI PER LA SEMINA

## NOTE AGGIUNTIVE

# LIBRO DI BORDO DEL GIARDINAGGIO

NOME

POSIZIONE

FORNITORE

PREZZO

## CLASSE SCIENTIFICA

| | | |
|---|---|---|
| ORTAGGIO | ○ | FRUTTA |
| ERBA | ○ | FIORE |
| ARBUSTO | ○ | ALBERO |
| ANNUALE | ○ | BIENNALE |
| PERENNALE | ○ | SEMINA |

## DATE

GERMINATO

IMPIANTO

RACCOLTO

## LIVELLO DI LUCE

SOLE

SOLE PARZIALE

OMBRA

ALTRO

## INIZIATO DA

SEME

PIANTA

## VALUTAZIONE

DIMENSIONE ○○○○○

COLORE ○○○○○

GUSTO ○○○○○

FERTILIZZANTI
E ATTREZZATURE

REQUISITI
DELL'ACQUA

0%
MENO

ISTRUZIONI
PER LA CURA

ISTRUZIONI
PER LA SEMINA

NOTE AGGIUNTIVE

# LIBRO DI BORDO DEL GIARDINAGGIO

| NOME | POSIZIONE |
|---|---|

| FORNITORE | PREZZO |
|---|---|

## CLASSE SCIENTIFICA

| ORTAGGIO | ○ | FRUTTA |
|---|---|---|
| ERBA | ○ | FIORE |
| ARBUSTO | ○ | ALBERO |
| ANNUALE | ○ | BIENNALE |
| PERENNALE | ○ | SEMINA |

## DATE

GERMINATO

IMPIANTO

RACCOLTO

## LIVELLO DI LUCE

SOLE

SOLE PARZIALE

OMBRA

ALTRO

## INIZIATO DA

SEME

PIANTA

## VALUTAZIONE

DIMENSIONE ○○○○○

COLORE ○○○○○

GUSTO ○○○○○

## FERTILIZZANTI E ATTREZZATURE

## REQUISITI DELL'ACQUA

0%
MENO

## ISTRUZIONI PER LA CURA

## ISTRUZIONI PER LA SEMINA

## NOTE AGGIUNTIVE

# LIBRO DI BORDO DEL GIARDINAGGIO

| NOME | POSIZIONE |
| --- | --- |

| FORNITORE | PREZZO |
| --- | --- |

## CLASSE SCIENTIFICA

| ORTAGGIO | ○ | FRUTTA |
| --- | --- | --- |
| ERBA | ○ | FIORE |
| ARBUSTO | ○ | ALBERO |
| ANNUALE | ○ | BIENNALE |
| PERENNALE | ○ | SEMINA |

## DATE

GERMINATO

IMPIANTO

RACCOLTO

## LIVELLO DI LUCE

SOLE

SOLE PARZIALE

OMBRA

ALTRO

## INIZIATO DA

SEME

PIANTA

## VALUTAZIONE

DIMENSIONE ○○○○○

COLORE ○○○○○

GUSTO ○○○○○

FERTILIZZANTI<br>E ATTREZZATURE

REQUISITI<br>DELL'ACQUA

0%
MENO

ISTRUZIONI<br>PER LA CURA

ISTRUZIONI<br>PER LA SEMINA

NOTE AGGIUNTIVE

# LIBRO DI BORDO DEL GIARDINAGGIO

| NOME | POSIZIONE |
|---|---|

| FORNITORE | PREZZO |
|---|---|

## CLASSE SCIENTIFICA

| ORTAGGIO | ◯ | FRUTTA |
|---|---|---|
| ERBA | ◯ | FIORE |
| ARBUSTO | ◯ | ALBERO |
| ANNUALE | ◯ | BIENNALE |
| PERENNALE | ◯ | SEMINA |

## DATE

GERMINATO

IMPIANTO

RACCOLTO

## LIVELLO DI LUCE

SOLE

SOLE PARZIALE

OMBRA

ALTRO

## INIZIATO DA

SEME

PIANTA

## VALUTAZIONE

DIMENSIONE ◯◯◯◯◯

COLORE ◯◯◯◯◯

GUSTO ◯◯◯◯◯

FERTILIZZANTI
E ATTREZZATURE

REQUISITI
DELL'ACQUA

0%
MENO

ISTRUZIONI
PER LA CURA

ISTRUZIONI
PER LA SEMINA

NOTE AGGIUNTIVE

# LIBRO DI BORDO DEL GIARDINAGGIO

| NOME | POSIZIONE |
| --- | --- |

| FORNITORE | PREZZO |
| --- | --- |

### CLASSE SCIENTIFICA

| ORTAGGIO | ○ | FRUTTA |
| --- | --- | --- |
| ERBA | ○ | FIORE |
| ARBUSTO | ○ | ALBERO |
| ANNUALE | ○ | BIENNALE |
| PERENNALE | ○ | SEMINA |

### DATE

GERMINATO

IMPIANTO

RACCOLTO

### LIVELLO DI LUCE

SOLE

SOLE PARZIALE

OMBRA

ALTRO

### INIZIATO DA

SEME

PIANTA

### VALUTAZIONE

DIMENSIONE ○○○○○

COLORE ○○○○○

GUSTO ○○○○○

## FERTILIZZANTI E ATTREZZATURE

## REQUISITI DELL'ACQUA

0%
MENO

## ISTRUZIONI PER LA CURA

## ISTRUZIONI PER LA SEMINA

## NOTE AGGIUNTIVE

# LIBRO DI BORDO DEL GIARDINAGGIO

| NOME | | POSIZIONE | |
| FORNITORE | | PREZZO | |

## CLASSE SCIENTIFICA

| ORTAGGIO | ○ | FRUTTA |
| ERBA | ○ | FIORE |
| ARBUSTO | ○ | ALBERO |
| ANNUALE | ○ | BIENNALE |
| PERENNALE | ○ | SEMINA |

## DATE

GERMINATO

IMPIANTO

RACCOLTO

## LIVELLO DI LUCE

SOLE

SOLE PARZIALE

OMBRA

ALTRO

## INIZIATO DA

SEME

PIANTA

## VALUTAZIONE

DIMENSIONE ○○○○○

COLORE ○○○○○

GUSTO ○○○○○

FERTILIZZANTI
E ATTREZZATURE

REQUISITI
DELL'ACQUA

0%
MENO

ISTRUZIONI
PER LA CURA

ISTRUZIONI
PER LA SEMINA

NOTE AGGIUNTIVE

# LIBRO DI BORDO DEL GIARDINAGGIO

| NOME | POSIZIONE |
|---|---|
| FORNITORE | PREZZO |

## CLASSE SCIENTIFICA

| ORTAGGIO | ○ | FRUTTA |
|---|---|---|
| ERBA | ○ | FIORE |
| ARBUSTO | ○ | ALBERO |
| ANNUALE | ○ | BIENNALE |
| PERENNALE | ○ | SEMINA |

## DATE

GERMINATO

IMPIANTO

RACCOLTO

## LIVELLO DI LUCE

SOLE

SOLE PARZIALE

OMBRA

ALTRO

## INIZIATO DA

SEME

PIANTA

## VALUTAZIONE

DIMENSIONE ○○○○○

COLORE ○○○○○

GUSTO ○○○○○

FERTILIZZANTI
E ATTREZZATURE

REQUISITI
DELL'ACQUA

0%
MENO

ISTRUZIONI
PER LA CURA

ISTRUZIONI
PER LA SEMINA

NOTE AGGIUNTIVE

# LIBRO DI BORDO DEL GIARDINAGGIO

NOME

POSIZIONE

FORNITORE

PREZZO

## CLASSE SCIENTIFICA

| | | |
|---|---|---|
| ORTAGGIO | ○ | FRUTTA |
| ERBA | ○ | FIORE |
| ARBUSTO | ○ | ALBERO |
| ANNUALE | ○ | BIENNALE |
| PERENNALE | ○ | SEMINA |

## DATE

GERMINATO

IMPIANTO

RACCOLTO

## LIVELLO DI LUCE

SOLE

SOLE PARZIALE

OMBRA

ALTRO

## INIZIATO DA

SEME

PIANTA

## VALUTAZIONE

DIMENSIONE ○○○○○

COLORE ○○○○○

GUSTO ○○○○○

FERTILIZZANTI
E ATTREZZATURE

REQUISITI
DELL'ACQUA

0%
MENO

ISTRUZIONI
PER LA CURA

ISTRUZIONI
PER LA SEMINA

NOTE AGGIUNTIVE

# LIBRO DI BORDO DEL GIARDINAGGIO

| NOME | | POSIZIONE |
| FORNITORE | | PREZZO |

## CLASSE SCIENTIFICA

| ORTAGGIO | ○ | FRUTTA |
| ERBA | ○ | FIORE |
| ARBUSTO | ○ | ALBERO |
| ANNUALE | ○ | BIENNALE |
| PERENNALE | ○ | SEMINA |

## DATE

GERMINATO

IMPIANTO

RACCOLTO

## LIVELLO DI LUCE

SOLE

SOLE PARZIALE

OMBRA

ALTRO

## INIZIATO DA

SEME

PIANTA

## VALUTAZIONE

DIMENSIONE ○○○○○

COLORE ○○○○○

GUSTO ○○○○○

FERTILIZZANTI
E ATTREZZATURE

REQUISITI
DELL'ACQUA

0%
MENO

ISTRUZIONI
PER LA CURA

ISTRUZIONI
PER LA SEMINA

NOTE AGGIUNTIVE

# LIBRO DI BORDO DEL GIARDINAGGIO

| NOME | POSIZIONE |
|---|---|
| FORNITORE | PREZZO |

### CLASSE SCIENTIFICA

| | | |
|---|---|---|
| ORTAGGIO | ○ | FRUTTA |
| ERBA | ○ | FIORE |
| ARBUSTO | ○ | ALBERO |
| ANNUALE | ○ | BIENNALE |
| PERENNALE | ○ | SEMINA |

### DATE

GERMINATO

IMPIANTO

RACCOLTO

### LIVELLO DI LUCE

SOLE

SOLE PARZIALE

OMBRA

ALTRO

### INIZIATO DA

SEME

PIANTA

### VALUTAZIONE

DIMENSIONE ○○○○○

COLORE ○○○○○

GUSTO ○○○○○

FERTILIZZANTI
E ATTREZZATURE

REQUISITI
DELL'ACQUA

0%
MENO

ISTRUZIONI
PER LA CURA

ISTRUZIONI
PER LA SEMINA

NOTE AGGIUNTIVE

# LIBRO DI BORDO DEL GIARDINAGGIO

NOME

POSIZIONE

FORNITORE

PREZZO

## CLASSE SCIENTIFICA

| | | |
|---|---|---|
| ORTAGGIO | ◯ | FRUTTA |
| ERBA | ◯ | FIORE |
| ARBUSTO | ◯ | ALBERO |
| ANNUALE | ◯ | BIENNALE |
| PERENNALE | ◯ | SEMINA |

## DATE

GERMINATO

IMPIANTO

RACCOLTO

## LIVELLO DI LUCE

SOLE

SOLE PARZIALE

OMBRA

ALTRO

## INIZIATO DA

SEME

PIANTA

## VALUTAZIONE

DIMENSIONE ◯◯◯◯◯

COLORE ◯◯◯◯◯

GUSTO ◯◯◯◯◯

FERTILIZZANTI
E ATTREZZATURE

REQUISITI
DELL'ACQUA

0%
MENO

ISTRUZIONI
PER LA CURA

ISTRUZIONI
PER LA SEMINA

NOTE AGGIUNTIVE

# LIBRO DI BORDO DEL GIARDINAGGIO

NOME

POSIZIONE

FORNITORE

PREZZO

CLASSE SCIENTIFICA

| | | | |
|---|---|---|---|
| ORTAGGIO | ○ | | FRUTTA |
| ERBA | ○ | | FIORE |
| ARBUSTO | ○ | | ALBERO |
| ANNUALE | ○ | | BIENNALE |
| PERENNALE | ○ | | SEMINA |

DATE

GERMINATO

IMPIANTO

RACCOLTO

LIVELLO DI LUCE

SOLE

SOLE PARZIALE

OMBRA

ALTRO

INIZIATO DA

SEME

PIANTA

VALUTAZIONE

DIMENSIONE ○○○○○

COLORE ○○○○○

GUSTO ○○○○○

FERTILIZZANTI
E ATTREZZATURE

REQUISITI
DELL'ACQUA

0%
MENO

ISTRUZIONI
PER LA CURA

ISTRUZIONI
PER LA SEMINA

NOTE AGGIUNTIVE

# LIBRO DI BORDO DEL GIARDINAGGIO

NOME

POSIZIONE

FORNITORE

PREZZO

## CLASSE SCIENTIFICA

ORTAGGIO ○ FRUTTA

ERBA ○ FIORE

ARBUSTO ○ ALBERO

ANNUALE ○ BIENNALE

PERENNALE ○ SEMINA

## DATE

GERMINATO

IMPIANTO

RACCOLTO

## LIVELLO DI LUCE

SOLE

SOLE PARZIALE

OMBRA

ALTRO

## INIZIATO DA

SEME

PIANTA

## VALUTAZIONE

DIMENSIONE ○○○○○

COLORE ○○○○○

GUSTO ○○○○○

FERTILIZZANTI<br>E ATTREZZATURE

REQUISITI<br>DELL'ACQUA

0%
MENO

ISTRUZIONI<br>PER LA CURA

ISTRUZIONI<br>PER LA SEMINA

NOTE AGGIUNTIVE

# LIBRO DI BORDO DEL GIARDINAGGIO

| NOME | POSIZIONE |
|---|---|

| FORNITORE | PREZZO |
|---|---|

## CLASSE SCIENTIFICA

| ORTAGGIO | ○ | FRUTTA |
|---|---|---|
| ERBA | ○ | FIORE |
| ARBUSTO | ○ | ALBERO |
| ANNUALE | ○ | BIENNALE |
| PERENNALE | ○ | SEMINA |

## DATE

GERMINATO

IMPIANTO

RACCOLTO

## LIVELLO DI LUCE

SOLE

SOLE PARZIALE

OMBRA

ALTRO

## INIZIATO DA

SEME

PIANTA

## VALUTAZIONE

DIMENSIONE ○○○○○

COLORE ○○○○○

GUSTO ○○○○○

FERTILIZZANTI
E ATTREZZATURE

REQUISITI
DELL'ACQUA

0%
MENO

ISTRUZIONI
PER LA CURA

ISTRUZIONI
PER LA SEMINA

NOTE AGGIUNTIVE

# LIBRO DI BORDO DEL GIARDINAGGIO

| NOME | POSIZIONE |
| --- | --- |
| FORNITORE | PREZZO |

## CLASSE SCIENTIFICA

| | | |
| --- | --- | --- |
| ORTAGGIO | ○ | FRUTTA |
| ERBA | ○ | FIORE |
| ARBUSTO | ○ | ALBERO |
| ANNUALE | ○ | BIENNALE |
| PERENNALE | ○ | SEMINA |

## DATE

GERMINATO

IMPIANTO

RACCOLTO

## LIVELLO DI LUCE

SOLE

SOLE PARZIALE

OMBRA

ALTRO

## INIZIATO DA

SEME

PIANTA

## VALUTAZIONE

| | |
| --- | --- |
| DIMENSIONE | ○○○○○ |
| COLORE | ○○○○○ |
| GUSTO | ○○○○○ |

FERTILIZZANTI
E ATTREZZATURE

REQUISITI
DELL'ACQUA

0%
MENO

ISTRUZIONI
PER LA CURA

ISTRUZIONI
PER LA SEMINA

NOTE AGGIUNTIVE

# LIBRO DI BORDO DEL GIARDINAGGIO

| NOME | POSIZIONE |
|---|---|
| FORNITORE | PREZZO |

## CLASSE SCIENTIFICA

| ORTAGGIO | ○ | FRUTTA |
|---|---|---|
| ERBA | ○ | FIORE |
| ARBUSTO | ○ | ALBERO |
| ANNUALE | ○ | BIENNALE |
| PERENNALE | ○ | SEMINA |

## DATE

GERMINATO

IMPIANTO

RACCOLTO

## LIVELLO DI LUCE

SOLE

SOLE PARZIALE

OMBRA

ALTRO

## INIZIATO DA

SEME

PIANTA

## VALUTAZIONE

DIMENSIONE ○○○○○

COLORE ○○○○○

GUSTO ○○○○○

FERTILIZZANTI
E ATTREZZATURE

REQUISITI
DELL'ACQUA

0%
MENO

ISTRUZIONI
PER LA CURA

ISTRUZIONI
PER LA SEMINA

NOTE AGGIUNTIVE

# LIBRO DI BORDO DEL GIARDINAGGIO

| NOME | POSIZIONE |
|---|---|

| FORNITORE | PREZZO |
|---|---|

## CLASSE SCIENTIFICA

| ORTAGGIO | ○ | FRUTTA |
|---|---|---|
| ERBA | ○ | FIORE |
| ARBUSTO | ○ | ALBERO |
| ANNUALE | ○ | BIENNALE |
| PERENNALE | ○ | SEMINA |

## DATE

GERMINATO

IMPIANTO

RACCOLTO

## LIVELLO DI LUCE

SOLE

SOLE PARZIALE

OMBRA

ALTRO

## INIZIATO DA

SEME

PIANTA

## VALUTAZIONE

DIMENSIONE ○○○○○

COLORE ○○○○○

GUSTO ○○○○○

FERTILIZZANTI
E ATTREZZATURE

REQUISITI
DELL'ACQUA

0%
MENO

ISTRUZIONI
PER LA CURA

ISTRUZIONI
PER LA SEMINA

NOTE AGGIUNTIVE

# LIBRO DI BORDO DEL GIARDINAGGIO

| NOME | POSIZIONE |
|------|-----------|

| FORNITORE | PREZZO |
|-----------|--------|

## CLASSE SCIENTIFICA

| ORTAGGIO | ○ | FRUTTA |
|----------|---|--------|
| ERBA | ○ | FIORE |
| ARBUSTO | ○ | ALBERO |
| ANNUALE | ○ | BIENNALE |
| PERENNALE | ○ | SEMINA |

## DATE

GERMINATO

IMPIANTO

RACCOLTO

## LIVELLO DI LUCE

SOLE

SOLE PARZIALE

OMBRA

ALTRO

## INIZIATO DA

SEME

PIANTA

## VALUTAZIONE

DIMENSIONE ○○○○○

COLORE ○○○○○

GUSTO ○○○○○

FERTILIZZANTI
E ATTREZZATURE

REQUISITI
DELL'ACQUA

0%
MENO

ISTRUZIONI
PER LA CURA

ISTRUZIONI
PER LA SEMINA

NOTE AGGIUNTIVE

# LIBRO DI BORDO DEL GIARDINAGGIO

NOME

POSIZIONE

FORNITORE

PREZZO

## CLASSE SCIENTIFICA

| | | |
|---|---|---|
| ORTAGGIO | ○ | FRUTTA |
| ERBA | ○ | FIORE |
| ARBUSTO | ○ | ALBERO |
| ANNUALE | ○ | BIENNALE |
| PERENNALE | ○ | SEMINA |

## DATE

GERMINATO

IMPIANTO

RACCOLTO

## LIVELLO DI LUCE

SOLE

SOLE PARZIALE

OMBRA

ALTRO

## INIZIATO DA

SEME

PIANTA

## VALUTAZIONE

DIMENSIONE ○○○○○

COLORE ○○○○○

GUSTO ○○○○○

FERTILIZZANTI
E ATTREZZATURE

REQUISITI
DELL'ACQUA

0%
MENO

ISTRUZIONI
PER LA CURA

ISTRUZIONI
PER LA SEMINA

NOTE AGGIUNTIVE